JN026404

子どもに学ぶ②

箱庭あそび　サンドアクティビティ

―幼児期の子どもの健やかな発達を願って―

目　次

1　はじめに

――保育園で箱庭あそびを始める――

保育園で箱庭あそびを始めようと思ったのは、自分の気持ちをうまく表現できない子どもから話を聴くためである。子どもは家庭や社会をどう見ているか、子どもと目線を同じくし、子どもから学びたいためである。それを知ったうえで子どもにかかわっていかなければ、一人ひとり違った個性を持った子どもにほんとうに適切にかかわっているといえるだろうかと思うからである。子どもから話を聴くことは、できているようで、意外とできていない。まして、幼児期の子どもから。

幼児期の3～5歳の頃は、自我が目覚め、家庭生活や、保育園などの集団生活で人とのかかわりをとおして、自己中心性の殻が少しずつ剥がれ、感情や行動をコントロールし、他者をいたわるなどの社会性が育まれ、主体的、積極的な活動によって自信が芽生えるなど、発達の目標である自立（アイデンティティ）の基盤が築かれる大切な時期である。しかし、感情や行動のコントロールができず、このことが恒常的になると、社会性など心の発達が脅かされる。

保育園では、不安や緊張が強く人の目をうかがうなど、のびのび行動できない子どもや、いらだちなどの感情をうまくコントロールできず、大声を出し攻撃的な行動に及ぶ子どもなど、社会性の発達が危惧される子どもに出会うことは少なくない。「〇〇してはいけません」などと、頭ごなしに子どもの行動を否定し指導的にかかわると、かえって自尊心を傷つけ萎縮させたり、感情を高ぶらせ不適切な行動を長引かせることもしばしばである。子どもも人格を持った存在である。なぜそのような行動に至っているのか、子どもにもきちんとした理由があるはずである。それをじっくり聴き、子どもの気持ちを理解しかかわっていかなければ、わかってくれないとの思いを抱かせ、「どうせ、私のこと悪い子と思っているのでしょう」などと、はっとさせられるような返答が返ってくることもまれではない。子どもは自分を理解してもらっていると感じる相手に出会わなければ成長しない。

　しかし、子どもに面と向かって理由を尋ねても、うまくことばで表現することはできない。そこで、子どもが好きな遊びを介してなら、子どもの気持ちをうかがい知れるのではないかと考え、箱庭療法セットを利用する箱庭あそび（sand activity、サンドアクティビティ）を思いつくに至った。

　箱庭あそびは、治療を目的とした箱庭療法（sand play therapy、サンドプレイセラピー）の枠組みで行うのではなく、あくまで子どもの遊びのひとつとしてとらえる。保育園の3～5歳の幼児を対象に、保育者は子どもの遊ぶ様子を見守り、話し相手としてつきあうことを基本とする（**表1**）。

表1　箱庭あそびの特徴、箱庭療法との比較と、箱庭あそびにおける保育者の心がけ

	箱庭あそび、サンドアクティビティ	箱庭療法*、サンドプレイセラピー
使用するもの	砂箱、ミニチュアなど箱庭療法セット（ただし、*遊び道具*ととらえる）	砂箱、ミニチュアなど箱庭療法セット
対象	前学童期（*3～5歳*）の子ども	心の問題を抱え受診の子ども
使用場所	*保育活動*の場	専門相談・治療機関
目的	子どもと*一対一で遊び、子どもの声を聴く*	心理療法（箱庭療法の枠組みで行われる）
使用する人	*保育者*	治療者、専門家（臨床心理士など）

＊参考資料：河合隼雄．箱庭療法入門．誠信書房．

“箱庭あそび”における保育者の心がけ

①子どもを気楽な雰囲気にさせるとともに、自分も気楽に“箱庭あそび”に参加する（*一緒に気楽に遊ぶ*）。

②主体的に取り組む子どもを見守る（*非指示の観察者*）。

③子どもは自分の気持ちをどのような作品に表現し、どのような話をするか、聴き上手になり、子どもの気持ちと、気になる行動、のつながりを理解する（*子どもの理解者*）。

2　子どもの気になる行動を見たてる
――観察ノートの作成――

子どもの気になる行動は、子どもがもともと持って生まれた個性によるものか、それとも親のかかわりや家庭環境の影響によって子どもの情緒が不安定になり、保育活動の内容や友だちとのささいなことがきっかけで気になる行動として目立ってくるのかを推測するために、チェック式の観察ノートを作成した（**表2**）。

観察ノートは、2歳から5歳までの列でいうと、①多動から発達の遅れまでの項目、②反応性愛着障害からＡＤＨＤまでの項目、③家族背景、④親との会

表２　子ども観察ノート

子ども観察ノート　　（氏名・生年月日）：

０～１歳	２歳	３歳	４歳	５歳	入学前
□目が合わない	□多動的	□多動	□多動	□多動	
□笑わない	□暴力的・危害的（噛むなど）	□暴力・危害	□暴力・危害	□暴力・危害	
□表情乏しい	□情緒不安・かんしゃく・いらだつ	□情緒不安	□情緒不安	□情緒不安	
□噛む	□孤立しがち	□孤立	□孤立	□孤立	
□言語発達？	□相手の気持ちわからない	□相手の気持ち	□相手の気持ち	□相手の気持ち	
□運動発達？	□心身症 （チック、吃音、爪等）	□心身症	□心身症	□心身症	
□知的発達？	□発達の遅れ （言語、運動、知的）	□発達遅れ（言、運、知）	□発達遅れ（言、運、知）	□発達遅れ（言、運、知）	
□タオル離さない					
□じっとできない	□反応愛着項目数（　　）	□反応愛着項目数（　　）	□反応愛着項目数（　　）	□反応愛着項目数（　　）	
□特殊な癖	□脱抑制対人（　　）	□脱抑制対人（　　）	□脱抑制対人（　　）	□脱抑制対人（　　）	
□呼ぶが応えず	□PTSD（　　）	□PTSD（　　）	□PTSD（　　）	□PTSD（　　）	
□知覚過敏	□反抗挑戦（　　）	□反抗挑戦（　　）	□反抗挑戦（　　）	□反抗挑戦（　　）	
□順序無理解	□自閉症スペ（　　）	□自閉症スペ（　　）	□自閉症スペ（　　）	□自閉症スペ（　　）	
	□ADHD（　　）	□ADHD（　　）	□ADHD（　　）	□ADHD（　　）	
家族背景（　　）	家族背景（　　）	家族背景（　　）	家族背景（　　）	家族背景（　　）	
親との会話 （良、まあまあ、不良）	親との会話（　　）	親との会話（　　）	親との会話（　　）	親との会話（　　）	

話の4つの記載部分からなっている。

まず①は、保育者が、保育活動の場で子どもの気になる行動について、大まかにチェックするための項目である。この多動的から発達の遅れまでの項目は、保育者が子どもの気になる行動について、具体的に一つひとつ列挙した後に、表現の重なっているものについて、できるだけ集約した後に残した項目である。気になる行動は、不安緊張による行動と、いらだち行動の2つに分けられると思われた。不安緊張の行動とは、何をするにも不安や緊張が強く主体的積極的に行動できない、基本的生活習慣と思われることにも指示待ち、あるいは手助けしないとできない、気を遣う、人の顔色をうかがうなどである。いらだち行動とは、多動、攻撃、危害行動、突発的な行動、指示に従わず輪を乱すなどである。多動から発達の遅れまでの項目は、これら2つのタイプを代表する項目と、両者に共通に見られる項目である。気になる子どもに遭遇した場合、これらの項目をチェックすることによって、子どもはおおよそ不安緊張タイプの子どもか、いらだちタイプの子どもかを見たてることができる。チックや吃音、緘黙、激しい爪かみ、抜毛などの心身症は、不安や緊張があって生じることが多いので、心身症を有する子どもが多動や暴力的な行動があっても不安緊張タイプと考えた。

おおよそのタイプ分けができれば、次に子どもの気になる行動の原因を推測するための項目として考えたのが、観察ノートの②の反応性愛着障害からＡＤＨＤの部分である。①の項目にチェックした以外にも、子どもはその他に気になる行動を有していることが多い。気になる行動すべてを細かくチェックしてみることによって原因を推定できるように実際の診断名を採用した。保育園での子どもの気になる行動は、保育活動の場や友だちとのかかわりの中で生じるが、保育の内容や友だちとのやりとりは、あくまでも気になる行動のきっかけであって原因ではない。このような子どもは日頃から情緒不安定であり、この情緒の不安定な原因が、気になる行動の原因である。原因は、子どもがもともと持っている生来性の個性によるものか、それとも親のかかわり方が子どもにそぐわないかの２つを主な原因と考えた。生来性ではない場合、すべてが親のかかわりが原因と決めつけることは短絡的ではある。というのは、子どもの情緒の不安定さの多くは、子どもと親の相互作用の結果であるので、両者の程度の差はあれ、原因は子どもにも親にもある。しかし、多少なりとも親の原因が考えられる場合は、親の子どもへのかかわりが少しでも変われば子どもの情緒は安定し、行動も改善に向かう。そこで、子どもの生来性の個性が原因でない場合は、単純に親に原因があるとしわかりやすくした。

そこで、子ども自身の生来性に起因するものとして、自閉症スペクトラム障害やＡＤＨＤの診断項目を、親の影響によるものとして虐待を受けた子どもに見られる心理的な後遺症の診断項目をあげた。虐待を受けた子どもの場合は複数の疾患がある。これらの疾患をまとめて仮に愛着障害関連疾患と呼ぶことにする（**表3**）。不安緊張タイプか、いらだちタイプの子どもの中に、①の多動から発達の遅れ以外にも、気になる行動があれば、表3を参考に、それぞれの疾患にあげた項目をチェックする。生来性に起因する疾患の項目にチェックが多いか、愛着障害関連疾患の項目にチェックが多いかによって、気になる行動

表3　子どもの行動の原因推定表

【愛着障害関連疾患】

反応性愛着障害

□苦痛な時も安楽を求めない
□他者との交流は少ない
□他者との情動反応は少ない

脱抑制型対人交流障害

□見慣れない大人に近づく
□見慣れない大人に進んでついて行く
□過度に馴れ馴れしい

PTSD（6歳以下）

□トラウマの体験
□親に生じたトラウマを聞く
□苦痛な記憶
□苦痛な記憶を遊びとして表現
□対人関係の回避
□陰性気分
□遊びの抑制
□関心の減退
□いらだっている、極端なかんしゃく
□過度の警戒心（顔色をうかがう）
□過剰な驚愕
□集中困難

反抗挑戦性障害

□いらいらさせられる
□故意にいらだたせる
□かんしゃく、腹を立てる
□口論、反抗、拒否
□自分の失敗を他人のせいにする
□意地悪で執念深い

【発達障害】

自閉症スペクトラム障害

□視線が合わない
□身ぶりの理解ができない
□状況に合った行動ができない
□遊びの共有ができない
□友人を作ることが困難
□常同運動
□反響言語
□儀式的行動
□執着、固執した興味
□感覚過敏または鈍感

ADHD

□注意を持続できない
□不注意な間違い
□指示に従わない
□順序立が困難
□持ち物の整理が困難
□じっとできない、多動
□順番を待てない
□妨害、干渉
□課題や指示を理解できている

参考資料：高橋三郎、大野 裕（監訳）：DSM-5精神疾患の分類と診断の手引き、医学書院、2014

の原因は子ども自身の生来性の個性か、あるいは親のかかわりに問題があるかを疑うことができる。ただし、それぞれの診断にあげた項目の中でどれかに半数以上にチェックが入った場合を有意と考えた。チェックの少ない場合だと、箱庭あそびをしながら子どもにかかわっていると、子どもの行動は比較的すみやかに改善し、一時的であったと思えてくる。

自閉症スペクトラム障害、もしくはADHDの項目の半数以上にチェックが入れば、子どもの気になる行動の原因は、子ども自身の生来性の個性が疑われる。ただ、虐待された子どももADHDの症状が見られるので、ADHDに多くチェックが入り、愛着障害関連疾患に少数でもチェックが入った場合は、子どもの個性か、それとも親のかかわりが原因か、両者を疑って経過を見るのが望ましい。愛着障害関連疾患の項目に多くチェックが入れば、子どもは親のかかわりにストレスを感じて情緒の不安定な状態になっていると考えられる。また、愛着障害関連疾患の項目に慣れ親しんでいれば、虐待の早期の気づきにもつながる。虐待といえば、身体的虐待がクローズアップされがちであるが、実際は心理的な後遺症が多く、診断項目にあるような不安定な情緒に起因する行動が見られる。

原因を推定する疾患部分②の観察ノートへの実際の記載方法は、それぞれの疾患にチェックした項目の数をカッコ内に記載するようにする。既述したように、いずれかの疾患項目の半数以上にチェックが入った場合を有意と考え、原因が子どもにあるか親にあるかを推定する。例えば、反抗挑戦性障害の項目に4つ該当する気になる行動があった場合、観察ノートには反抗挑戦のところに4と記載し、しかも6項目中4つあることになるので有意と考え、親のかかわりに問題があるかもしれないと考える。多くの場合は、いろいろな診断項目に散らばって少数チェックが入ることが多い。このような場合、どれかの診断に該当する項目にチェックが偏ってくるかどうかに注意し経過を見なければならない。観察ノートを2歳から5歳まで一枚のシートに収めたのは、年齢の長ずるとともに経過を見ることができるようにするためである。子どもの気になる行動は、親や家庭の影響が疑われる場合の方が、生来性の個性によると思われるよりも多い。

親の子どもへのかかわり方には、教育熱心、過剰期待、過干渉、厳格、過保護、溺愛、放任、無視、年齢不相応な要求、親の価値観の押しつけなどがある。これらかかわりは、結局は子どもの思いを汲み取っていないとか、子どもの思いと親の思いがすれ違っているとか、子どもの甘えにうまく対応できていないかかわりになっている。子どもの情緒や行動に問題が生じたとしても、日頃は親がそれをすみやかに察知し、子どもへのかかわりを修正することで一時的で終わることが多い。一時的な場合は、愛着障害関連疾患の項目にチェックが入ったとしても少ない。しかし、親のかかわりに改善が無いようだと、子どもの情緒や行動も悪化し、チェック数は増えてくる。

子どもの行動の改善を左右する要因として、③家族背景や、④親との会話の良し悪しがあるので、これらも観察ノートに記載するようにした。

家族背景（離婚、再婚、内縁、ひとり親、別居、再婚、夫婦仲、DV、親と祖父母の関係、経済的問題など）は、直接には親の心理状態に影響し、その結果子どもに間接的に影響する。観察ノートには、家族背景をメモ的に簡単に記載する。これら家族背景を子どもがどのような気持ちで受け取っているかも箱庭あそびの子どもの声から明らかになる。

愛着関連疾患のチェック数が増え始めれば親子の相互作用に悪循環が生じていると考え、箱庭あそびの子どもの声を参考に親への適切なアドバイスを考えなければならない。その場合問題になるのが、親とのコミュニケーションの良し悪しである。日頃から良好であれば問題ないが、時には話しに拒絶的な態度をとられることもまれではなく、子どもの気持ちを伝えることが困難な場合がある。親との会話の印象を、3つのうち「良、まあまあ、不良」のどれかを記載する。親とのコミュニケーションも時間とともに変化してくるので、たとえ不良であっても根気よく接しなければならない。

観察ノートは、自我が目覚め、自己中心性が露わになり、子育てに困難さが訴えられるようになる3歳ごろから活用したい。箱庭あそびを継続していると、遊び方や作品にも変化が見られ、子どもの気になる行動は改善することが多い

（次項参照）。また、親との面談において、箱庭あそびでの子どもの声を子育て支援に活かすことができる。しかし、もし、愛着障害関連疾患の項目にチェックが多くなるようだと、虐待も考え、専門機関との連携など適切な対応を考えなければならない。

3 箱庭あそび

1 実際

箱庭あそびの実際のながれは、図1に示した。「箱庭あそびをしよう」と言って子どもを誘い、「砂の入った箱があるでしょう。ここに好きなミニチュア並べていいよ。砂を掃くと箱の底は水色でしょう、川や海の色と同じでしょう」と伝えた後は、子どもにまかせ自由に遊ばせる。

遊び時間は30分間とし、いつ誘うかは保育園の事情で決める。ただ、集団保

図1 箱庭あそびの実際

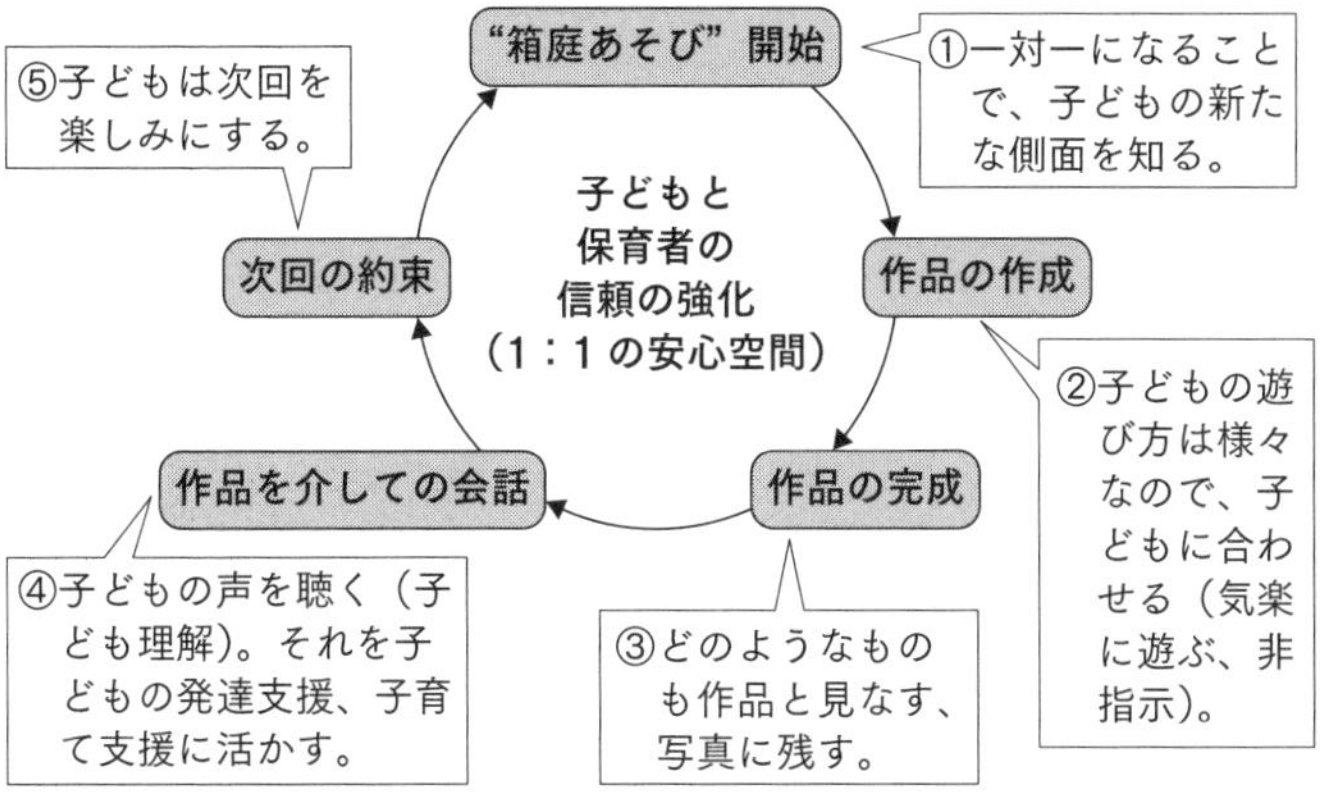

育の時に誘うと、「○○くん、どこに行ったの」と尋ねられることがあるから、昼食が終わった午睡の前か、お迎えの時間の前など、友だちから尋ねられない時間帯がよいかもしれない。

30分を超えて遊びたがる子どもが多いので、時間がくれば、「上手に作ったね、記念に写真を撮っておこう」のことばを、〝今日はこれでおしまい〟の合図にする。10分くらいで作品に仕上げ、自分で片づけ、新たな作品を作る子どももいるので、その場合は、片づける前の作品も写真に収める。作っている途中から違った作品に仕上げてくる場合は、その途中の作品も撮る。砂に模様を描くだけとか、砂を盛り上げただけで終わっても作品ととらえ写真に残す。

2　初回頃の子どもの行動タイプによる遊び方の違い

箱庭あそびの初回からその後の数回は、行動タイプがそのまま反映されるような遊び方である。

不安緊張タイプの子どもは、誘った時は、私ひとりだけどこに連れて行かれるのだろう、何をさせられるのだろうと、警戒し緊張している。箱庭セットの前にたたずんでただ眺めて終わってしまうとか、砂に触るだけか、少しのミニチュアを動かして終わることが多い。保育者と会話はなく、黙って遊ぶか、聴きとれないくらいの小さな声でつぶやき遊ぶ。箱庭あそびは、あまり楽しくないのだろうかと思っていると、終了時には、「次はいつできるの」と尋ねるので、楽しくなくはないようである。4、5歳になっていれば、不安緊張タイプでも、少数のミニチュアを使って風景を表現してくる子どももいるが、初回の頃は静かに遊ぶことが多い。

いらだちタイプの子どもは、興味津々、嬉しそうについてくる。箱庭セットを見るとすぐに遊び始める。不安緊張タイプの子どもと違って、砂に触るだけで終わるということはない。「この砂、気持ちがいい、どこから取ってきたの」などと言って、気に入ったミニチュアを選び、ミニチュアの声や音をまねて大きな声を出し、砂場で動かすとか、戦わせて遊ぶ。時にはすべてのミニチュアを砂箱に投げ入れる。終了時には使ったミニチュアが砂場に乱雑に散在しているか、積み重なっている。保育者に盛んに声をかけ遊ぶ子どももいる。今まさにいらだっている子ども、いわゆるキレていると表現される時に箱庭あそびをさせると、すぐにクールダウンする。感情のコントロールができなくなっている時に、クールダウン目的に箱庭あそびを行うのも一方法である。

しかし、逆の場合もある。不安緊張タイプなのに、箱庭あそびの場ではしゃぎ回り、いらだちタイプなのに静かに遊ぶ子どもがいる。保育者と一対一になる箱庭あそびの場では、不安や緊張がとれはしゃぐのか、逆に集団でのいらだたせられる刺激から解放され落ち着けるのか、よくわからない。

3　継続による遊びの変化と、子どもの保育活動での行動の変化

どちらのタイプの子どもも、継続していると、子どもによって作品が乱雑か整理されているかの違いはあるが、何らかの風景を表現してくる。戦いや、家庭内の風景、動物園や公園、海辺、これらの混在の風景などである。継続していると、しばらくは同じような風景の作品が続くが、突然今までとは違った作品を作る時がある。戦いの作品が続いていると思うと、家庭の風景を作るとか、町の風景が続いていたのに急に戦いの場面になるなどである。これは、今までとは違った作品を作ろうと意図してのこともあろうが、作品が一変した時には、子どもの話やミニチュアにぶつける感情から察すると、何か動揺するできごと

に遭遇したのではと思われることがある。

子どもは、ミニチュアの音をまねながら、あるいはミニチュア同士が話し合っているかのようにつぶやきながら、時にはミニチュアに子どもの感情をぶつけながら作品に仕上げる。作品に仕上げながら物語の展開を話してくれるか、作った作品について解説してくれる。子どもの話は、完全にファンタジーのこともあるが、家族と楽しんだ体験がはさまれたり、ミニチュアを家族に見たて、家族それぞれが家庭でどのように過ごしているかを説明する。ミニチュアにいらだちをぶつけながら家庭の話をする際は、親のかかわりをどのように受け取っているか、家庭環境をどう思っているかなどを断片的に口にする。時には、虐待を疑うような話や、箱庭の作品に出会う。

気になる子どもの多くは、継続しているといつかは家庭内の風景を表現し家族のことを話題にしてくる。ミニチュアや作品にどのような感情をぶつけるかに注意し子どもの話を聴くことが大切である（第4章参照）。

不安緊張タイプの子どもは、保育活動の場ではあまりしゃべらない子どものイメージを抱かれているが、箱庭あそびの場で保育者と盛んにおしゃべりし遊ぶようになるとか、ミニチュアの置き方が乱雑になってきたり、激しい戦いの作品を作り感情をさらけ出してくると、保育活動での行動がこれまでとは違ってきて、主体性、積極性を発揮するようになる。

いらだちタイプの子どもは、保育活動の場でいきなり感情的になり行動化した時、いわゆるキレた状態の時に、箱庭あそびを行うと、先ほどまでのいらだちはどこに飛んで行ったのというような感じで、すみやかにクールダウンする。箱庭あそびの後は保育者の指示にも素直に従い、友だちとも仲よく過ごし、午睡の時も隣の子どもにちょっかいを出すことなく静かに眠りにつく。しかし、次の日になると、いつもの気になる行動が見られるようになる。箱庭あそびを継続していると、集団生活を乱す行動は次第に間隔があくようになり、保育活動に集中する場面も増えてくる。友だちにいらだっている時も声の調子は以前に比べ優しくなってくるとか、遊具を競い合うような時も我慢し譲るようになるなど、社会性が身についてきたと思われる場面を目にし、子どもの成長を感じるようになる。

いらだちタイプの子どもの中には、感情が高ぶってくると、「砂に触らせて」と言ってくる子どもがいる。箱庭あそびによって、気持ちが落ち着くことを実感したのだろう。また、保育活動を離れ保育室の片隅でクールダウンを試みるとか、トイレの個室に行き気持ちを落ち着かせようとする子どももいる。感情をコントロールしなくてはならないとの思いも育ってくるのだろう。

いらだちタイプの初期の頃の箱庭作品は乱雑であるが、しだいに丁寧な作品を作るようになり、作品についてまとまりのある話をするようになる。保育活動で気になる行動が少なくなる前に、箱庭あそびの場での方が早く落ち着いた姿や作品を見せるようになる。

不安緊張タイプの子どもは、主体性、積極性を身につけていくのに対し、いらだちタイプは、友だちの気持ちを酌むようになり、社会性が身についていく。どちらのタイプの子どもの行動も少しの改善も見られないようだと、親子の相互作用の悪循環が生じているか、子どもにとって好ましくない家庭環境になっている可能性がある。

4　気になる子どもの箱庭あそび

（1）不安緊張タイプ

○なぜ、保育の場でひとこともしゃべらないのかな

保育活動の場で何もしゃべらず緘黙が疑われていた子どもは、初回の箱庭あそびの場でもしゃべらず、予定の30分間、ただミニチュアや砂に触っているだけであった。「また、しようか」の声かけには軽くうなずいた。2回目は、砂場に少数の動物のミニチュアを置いた。回を重ねるに従って、使用するミニチュアの数は多くなり、動物の集団場面を作るようになった。「動物さんは何をしているのかな？」の保育者の問いかけに、何も答えることはなかった。2か月後、「動物さんいっぱいでてきたね」の声かけに、「好きやもん」と、やっと初めて小さな声で答えた。それからは、箱庭あそびの場で保育者との会話が

増えてきた。始めてから3か月後には動物の他に家を置き、4か月後には人を置き、「私はこれ」「これは、ママと兄」と言い、家族が登場してきた。保育活動の場でも、何か言いたいことがあれば保育者に耳元でささやくようになり、そのうち友だちとも声を出して遊ぶようになった。

○なぜ、自分からは何もしようとしないのだろう

着替え、かたづけ、食事など、自分からは何もしようとせず、何もかも手を差し伸べなければならなかった。子どもが自分でするまでじっと待ってみようとしたが、時間の無駄であった。基本的生活習慣が身についていないのだろうか、どう声をかけたら、子どもは自ら行動するようになるのか、途方に暮れていた。箱庭あそびをしても変わらないだろうと思ったが、始めてみた。砂に触るだけで終わることが何回か続いた後、ミニチュアを数個置いた。この頃から、保育者の指示に従って行動に移すようになった。今まで何もしなかったときに比べると、格段に変わってきたと思った。その後、少しずつ指示なしでも動く

ことができるようになってきた。

箱庭あそびでは、ミニチュアを置きながらファンタジーを物語るようになった。保育活動の場では今までとは全然違ってきた。行動を抑圧していた何かがとれたように、子どもは自ら多くのことができるようになった。何が子どもをこのように変えたのかわからない。

後日、両親との面談で、子どもに過保護にかかわる一方、子どもの一挙手一動を細かく注意するというしつけ熱心さがうかがえた。

○チックもあるし、友だちとのトラブルも多い
箱庭あそびの場では、緊張しないせいか、チックは見られなかった。初回は、しばらく砂の感触を楽しんだ後、動物を何頭か砂に埋めて終わった。2回目は、恐竜2頭を両手に持ち、恐竜のうなり声をまねて激しくぶつけ合わせ戦わせていた。恐竜同士を戦わせる遊びはしばらく続いた。6か月後、恐竜の周りに友だちと、両親に見立てた兵隊を置き、恐竜を順番に倒していった。その後も、

恐竜の回りを兵隊が囲んでいる作品を作り、兵隊は両親、友だち、保育者、自分であると言い、兵隊と恐竜と戦わせ、「死んだ」、「殺した」などの殺伐したことばが飛び混じった。

10か月後頃から、チックはなくなり、友だちとのトラブルも少なくなった。自ら遊びを提案し友だちの意見も受け入れるようになった。

○すぐに泣いてしまう、保育園は落ち着かないのかな

新たな種類の活動や、新たな場所での活動には緊張し、不安を露わにした。あらかじめ説明し安心できるように配慮したが、不安や緊張の表情はなかなかとれなかった。

初回の箱庭あそびは、取っかかりの時は緊張している様子であった。指先で砂を触わり、砂に顔を描いた後、パトカーのミニチュアを出し砂山を走らせた。家や人形、動物などのミニチュアを置き始めた。子どもの表情からは緊張感はとれ、「あなたの車はあるの？」などの質問にも、「黒の車」と答えた。終了時

には、「楽しかった」と言って、次回を楽しみにした。

2回目から5回目まで、使用するミニチュアは違っていたが、ミニチュアを埋めては探したり、走らせて楽しんでいた。ショベルカーで工事をして○○を作ったとか、虫の家を作ったなどと、遊びの内容を子どもから保育者に話すようになった。保育活動の場でも不安そうな顔色を見せることが少なくなった。

6か月後の6回目からの箱庭あそびは、これまでとは一変した。ミニチュアを乱暴に置くようになった。恐竜や動物たちを戦わせ、「車や木は恐竜に倒された」、「倒れている人は恐竜に食べられた」などと、普段のおとなしい性格からは想像できないようなことばを口にし、その後も戦いの作品を作り楽しんだ。

子どもの園生活の行動も変わってきた。今までは自分の意見をはっきりと言うことはなく、人に注目されることも苦手だったが、発表会の舞台に進んで立つようになった。

（まとめ）

不安緊張タイプの子どもは、箱庭あそびによって保育活動の場で主体性、積極性を発揮するようになり、成長したと感じられるようになる。たとえ、初回は砂に触るだけで終わっても、ミニチュアをひとつでも置けば変化の兆しととらえ、継続することが大切である。箱庭あそびの場では、誰の目も気にすることなく、保育者に見守られながら安心して遊ぶことで、内向的な部分が少しずつ取れ、のびのび感が生まれるようである。箱庭の作品も戦いの場面になるとか、殺伐したことばを口にするようになるのも、子どもを抑圧していた何かから解放されるためかもしれない。箱庭あそびの場は、これまでとは違った自分を創るための成長の場になる。

（2）いらだちタイプ

○友だちに大きな声を出し威嚇したり、友だちの靴を隠す

友だちと仲よくしたくて近づいていくがトラブルになり、攻撃的な行動が続

いている。保育活動への取り組みも、その時の気分によってむらがある。靴を隠すのは嫌がらせのようで、実は気を引きたいための行動かもしれない。

初回の箱庭あそびでは、人形を埋めては出し遊んだ。砂から首だけを出している3つの人形は、パパ、ママ、兄で、「布団を掛けた」と言い、その他の人形を指して、「この人、死んどる」と言い、死んでいるのは誰かわからなかった。子どもは何だか寂しい様子であり、日頃の保育活動の場で見せる活発な姿からは想像もできなかった。

その後は、恐竜、人形、妖精、魚、動物、家、家具、木、虫など、様々なミニチュアを多く使ったにぎやかな楽しそうな作品を作った。動物は、同じ種類を2頭ずつ並べるなど、家族や仲間を表現しているように見えた。しかし、話す内容に楽しさはなかった。泣いている人形を指し、「ママがいなくて泣いている女の子がいる」と。また、女の子の前に母親のミニチュアを置いたが、何が言いたかったのかはわからなかった。

その後もミニチュアをたくさん使って、にぎやかな作品を作ったが、子どもが口にすることばは、作品とは裏腹であった。「泣いている子どもがいる」、「どうして?」と尋ねると、「父と母がいなくて泣いている」、「(人は)家がなくなって困っている」、「自分の家を探しに来た」など。「家の中にあなたやお家の人はいるの?」と尋ねると、首を横に振った。

他からの情報では、夫婦関係がうまくいっていないようであった。泣いているミニチュアは子ども自身かもしれず、家がないなどの発言は、家庭は落ち着かないことを言いたいのかもしれない。子どもの家庭に対する不安な気持ちが、集団生活ではいらだちとして表れているのかもしれない。

○自分の思いどおりにならないと、わめき、物にあたる

初回から3回目まで、テーブルや椅子などを使って家庭内を表現する作品を作ったが、人形は登場しなかった。4か月後の4回目に、人形や人に代わるミニチュアも置いて、家族の様子を話した。「いつもパパがママを怒っている。ママはいつもトイレで泣いている。子どもだけでおるんよ」。

その後も家庭を表現する作品を作り、そこに兵隊をひとつ置いて、「これはママ、怒っている」と言ったり、家をたくさん置いた時は、それぞれを指しながら、「私の家、ママの家、パパの家、姉2人の家」と、家族が別々に住んでいるかのように話した。ある時、泣いている人形を指して、「これはママ。パパにおしりぺんぺんされて泣いてる」と。

1年後くらいからは、テーブルや椅子などの家具や家をきちんと置き、人形は椅子に座らせるとか、テーブルには魚を置くなどして、家庭内の雰囲気を一層細かく表現する作品に仕上げるようになった。

保育活動では、いらだった行動はなくなっていないが、箱庭あそびでの作品はきちんとしており、家族のこと、特に両親の関係があまり好ましくない様子を口にした。

○ことばが乱暴で、友だちとうまくかかわれずトラブルを起こす

初回の箱庭あそびは、車を走らせて遊んだ後、父親と母親に見立てた人形を

砂の上に寝かせ、「ママは叱る、パパはご飯食べんかったら叱る」と、親へのいらだちを口にした。2回目も、ダンプカーやブルドーザーを出して遊んだ後、家や家具、恐竜を並べ、父親と母親を戸棚に入れ恐竜に食べさせようとしたり、踏んづけたりした。「賢くせんかったら叱られる」、「早くご飯を食べたら遊んでくれる、いつもは遊んでくれんけど」と。

その後の箱庭あそびの場でも家族のことや、家の手伝いをしていることを口にした。「妹は、ウンチとミルクが多い。パパとママが疲れている時、僕がミルクする」、「パパは蝶も蜂も捕まえてくれる。ザリガニの絵描いてくれた」、「パパとママ、ちょっとだけユーチューブ見る」、「おもちゃ買って言うたら1個買ってくれた、嬉しかった」、「家にいっぱいおもちゃがある」、「ママはお料理好き、僕も手伝う」、「妹はいつも離乳食を食べる」、「パパは公園に連れて行ってくれる、ママは家の2階で遊んでくれる」など。

最近は、以前に比べ親に叱られた話は少なくなり、ミニチュアの置き方も荒っぽくなく、丁寧に仕上げるようになった。しかし、友だちに対することばは乱暴で、友だちとのトラブルはあまり減ってはいない。子どもの友だちに対することばを聞くと、送迎時に親が子どもにかけることばの調子に似ていた。親との面談では家事が忙しいと訴えた。

（まとめ）

いらだちタイプの子どもの箱庭あそびを観察すると、ミニチュアに感情をぶつけ、感情を作品にし、感情をことばにしていると感じる（感情の作品化、感情の言語化）。箱庭あそびの場で、親のこと、家庭のことを話し、いらだちや、不安、不満を口にする。子どもが満足できる家庭環境は、子どもの話の中にある。

いらだちタイプの子どもが反発や反抗で応えるのは、子どもの気持ちを知ってほしいためである。子どもの気になる行動を正すためには、いきなり行動を注意することばではなく、子どもの気持ちがわかるというメッセージを子どもに送ることが大切である。それをした後で、友だちの気持ちのわかる子どもになることを教えていく。

どの子どもも（不安緊張タイプであろうと、いらだちタイプであろうと）、子どもの気になる行動は、親や家庭環境の影響を受けている場合が多い。その影響を和らげ子どもの行動が改まる方法を親と一緒に考えることが大切であって、子どもの行動に直接触れ改善しようとするのは火に油を注ぐに等しい。子どもの気になる行動に焦点をあてるのではなく、親子の相互作用に焦点をあてて子どもの行動の改善に努めなければならない。

いらだちタイプは感情を露わにするため、親はことばで抑えなければというう方向でかかわりがちになるため悪循環に陥りやすく、不安緊張タイプより改善しにくいかもしれない。不安緊張タイプは、積極性がなくなるとか、心身症で訴えるため、親は子どもに抑圧的にかかわることを控えるため改善しやすいのかもしれない。子どもによって、不安緊張タイプか、いらだちタイプかに分かれるのは、親・家庭環境のストレス因の質と、子どもの受け取り方の違い（これは生来的なものかもしれないが）の相互作用的な力関係に左右されると思われる。

（3）被虐待が疑われる

○情緒不安定で、性器いじりの癖の見られた子ども

初回の箱庭あそびで、砂場に車を走らせ遊んだ後、箱の外に、泣いている子どものミニチュアを複数の大人が取り囲んでいる作品を作った。「この子は何を悲しんでいるのかな」と尋ねてみたが、何も答えなかった。その後、下のドアの中に全員入れドアを閉じた。その後の箱庭の作品は、家庭の風景が続き、初回のような場面は作らなかったが、母の働いている店で深夜までいるとか、母が叱るのは以前と変わっていないなどと話した。

参考：同様な表現と思われるが、人形のかわりに動物を使って、たくさんの動物が一匹のペンギンを取り囲む作品を作り、「ペンギンさんを助けてあげて」と訴える子どもがいた。

○兄の虐げられている様子を表現した妹

初回は、砂箱の中には砂を盛り上げるだけで、砂箱の外に家具を並べた。あまりしゃべることなく、終了10分前くらいからソファーの陰に息をひそめるように隠れ、その様子は異様な感じがした。振り返って考えると、兄が虐げられている時、妹はこのように隠れたり、静かにしているのではと思った。

2回目から5回目までは、箱の中に家具などをきちんと置いて、家の中を表現し、大人や子どものミニチュアを使って、家の中や外に動かせながら、家庭での人の行動を話した。男性の大人の人形が台所に行くと、女の子が別の場所に動くとか、泣いている男の子の前に女性の大人の人形がいるなど。

箱庭あそびを始めて約1年後の6回目、家具を置き、その前で女性の大人の人形が女の子、男の子を倒し、男の子を足で踏んだ後に、砂に埋めた。この時、無言だったが、保育者の顔色を何度もうかがっていた。

その後も、家具や家などを置き、女性の大人の人形が男の子や女の子をはじき飛ばす状況や、女性の大人の人形を家具の中に入れたり、砂に埋めたり、子どもの人形が大人の人形を踏んづけたりする様子を繰り返した。
参考1：ミニチュアを使って、無言で家庭の様子を訴える子どももいれば、ことばにする子どももいる。例えば、砂をかき混ぜながら、「夜眠れない。しゃべったら怒られる。ママがいる時にはしゃべらないようにする」、「ひとりで留守番するときもある」、「兄は悪いことしていないのに怒られる。それを見るのがつらい」、「家は面白くない」など。泣いている子どもを大人の人形が取り囲んでいる場面や、子どもの人形を踏みつけ砂に埋める場面を作り、「これは私」、あるいはきょうだいの名前を言う子どもがいる。大人の人形に繰り返し砂をかけた後、頭から逆さに埋め、「パパは、怒ったら、頭を叩く、お腹を蹴る、パパは嫌い」と、いらだちを露わにする子ども。「パパはママを怒る、ママは泣いている」などは、DVが疑われる。箱庭あそびを楽しみながら、保育者に母親の乱暴なことや食事のまずさを冗談っぽく会話の中にはさんでくる子どももいる。
参考2：観察ノートで、愛着障害関連疾患の項目に多数のチェックが入った子どもの初回の箱庭作品の特徴を紹介する。これらは、虐待の早期の気づきに役立つかもしれない。

初回の作品は、一言で言えば作品と言えるものではないものが多い。①何もしないでじっとたたずんでいる。②ミニチュアを乱暴に扱い、あれこれ種類を変えながら戦いごっこをさせ、使ったミニチュアを箱に乱雑に散在させていたり、積み重ねている。③すべてのミニチュアを箱の中に投げ入れる。④箱の中には作品を作らず、箱の外に動物を並べるとか、家具や家などを置いて風景らしき作品を作る。⑤箱の中に入って足踏みしたり、寝そべって遊ぶ。⑥砂に模様を描いているかと思えば、砂をまき散らし遊ぶなどである。

参考3：虐待とそうでない場合の線引きは？

既述したように、箱庭あそびを継続していると、親のかかわりは不適切ではないか、虐待ではと思われる話をする子どもがいる。

子ども虐待とはどのような言動を指すかは法律に明文化された。しかし、虐待と適切なしつけの境界の明確な線引きは迷うことが多いかもしれない。人によっては虐待と断じ、他の人はそうとまでは言えないと考える場合があるかもしれない。余談であるが、親や子どもは虐待とは思っていない。親はしつけの一環と思い、子どもは虐待ということばも知らず、他の家庭を知らないから、親の言動に不満や反抗、緊張の感情を抱いたとしても、親とはこのようなもの、家庭とはこのようなものと思って育っている。

虐待かどうかの線引きは、被害者である子どもの行動や話の内容を尊重すべきである。虐待による情緒や行動への影響によって、愛着障害関連疾患に該当するような行動が生じているかどうか、親の言動や家庭環境を子どもはどう受け取っているかを聴き判断すべきである。虐待による情緒や行動への影響が、ただちに愛着障害関連項目の行動に反映されるとは思えないので、気になる子どもには、親の言動や家庭環境の子どもの受け取りについて注意深く耳を傾けなければならない。子どもの行動の特徴が、愛着障害関連疾患に該当する前に子どもの声をとらえることは早期発見や予防につながる。

子どもは、親の言動を不安や緊張の抑圧された気持ちで受け取るか、反抗的にいらだちの気持ちで受け取るかは、子どもによって、あるいは親の言動の質によって違ってくると思われる。親のかかわりの不適切さが持続することによって、子どもの情緒や行動が悪化し、愛着障害関連疾患に該当する項目数が増えると考えられる。子ども虐待の予防は、研修会も役立つが、目の前の子どもから学ぶ姿勢が大切である。気になる行動を有する子どもに遭遇した時、子どもの行動は、親との相互関係性、家庭環境の影響との視点でとらえるようにしなければ、治さなければならないのは子どもの行動そのものであるととらえる習慣から抜け出すことはできない。

児童相談所の虐待対応件数は年々増加している。この件数に上ってこない潜在性の件数はさらに多いことを考えると、子どもに毎日出会う保育園では、子どもの行動や子どもの訴えに敏感にならなければならず、行政は保育園での虐待の早期発見、対応のためのサポート体制を充実させるべきである。

5　子どもの行動の改善要因を考える

子どもの気になる行動を改善するためには、子どもの行動に直接触れることばは避け、子どもの気持ちを理解することの大切さを繰り返し記載してきた。子どもの退行を例にとって、子どもの行動の改善要因を考える。

どの子どもにも起こることであるが、下にきょうだいが生まれると、子どもは情緒不安定になり、親を困らせる行動をとってくる。子どもの赤ちゃん返り、退行である。子どもは、母親と密着している赤ちゃんを見て、母親にかまってもらいためにに、赤ちゃんに返ったような行動をするか、母親の注意を引くために、わざと叱られるような行動をとる。子どもは、赤ちゃんをうらやましく思い、妬みの感情が生じる。今までいい子だったのに、どうしたのだろうと疑問に思う。親は、赤ちゃんの世話に忙しく、子どものかかわりが少なくなるだけでなく、ついつい子どもを突き放すようなことばを言ってしまう。

子どもの情緒はますます不安定になり、保育の場でもいらだちタイプの行動を示す。いらだち行動を抑えるために、やめなさいと指示的に行動そのものに触れて改善を図ろうとするのは全く効果がなく、かえって子どもをいらだたせる。

箱庭あそびでは、子どもは母親に抱かれている赤ちゃん人形を砂場に置いて、これが私と言って、赤ちゃんになりたい、あるいは母親に抱かれたい気持ちを表現するとか、子どもの人形を砂に埋めて、いなかったらいいのにと小声でつぶやくことがある。子どもは、箱庭あそびでいらだった気持ちの原因をミニチュアを介してことばにする。子どもが親に望むことがはっきり伝わってくる。子どものいらだちの原因が解消されるように、親がかかわりを少しでも変えなければ子どもの行動は改善しない。

親が子どもが生まれた場合、退行の生じることを知っているとか、子どもにつらくあたっていることを自覚している場合は、子どもへのかかわりは比較的すみやかに改まってくる。そうでない場合は、保育者が子どもの思いを親に届けなければ、子どものいらだち行動はおさまらない。

箱庭あそびを継続していると、子どもは、親のかかわりに不満に思っている場面を具体的に箱庭に表現してくるので、そのような家庭での場面で親のかかわりの修正が図られるようなアドバイスが求められる。子どもの発達に関する教科書的なアドバイスは役に立たない。その子どもとその親の間で生じている問題に直接触れるアドバイスでなければ役に立たない。子どもと親の相互作用が少しでも改善すれば、子どもは親に満足するようになり行動も改善する。子どもさんは、集団でこのような行動をとるのです、友だちが困っています、やめるように諭してくださいなど、親への要求的な発言は、逆効果である。親は、友だちに迷惑かけてはいけないなどと、子どもを叱って、かえって子どもの行動を悪化させる。親には、子育てがうまくないと疑われているとの思いが残る。

吃音やチックなどの心身症の場合も、箱庭あそびの場では緊張することなく遊べるため、心身症の症状が出ることはまずない。吃音を治す、チックを治すにはどうするかではなく、子どもが箱庭あそびで親のかかわりをどのように表現するかをよく観察し、子どもにとって望ましい親のかかわり方の変化を促すことで、子どもの心身症は改善する。

不安緊張タイプの子ども、いらだちタイプの子どもについても、行動そのものの矯正のことばはやめ、子どもの意図を酌んで親子の相互作用をどのように改善するかを考えることが子どもの行動改善の近道である。

問題は、子どもの声を伝えることができる親かどうか、伝えたとしても聞き入れてくれる親かどうかである。保育者と話をしたがらないとか、話をしてもわかったフリをしてその場をしのぐ、忙しい素振りや硬い表情を見せ話しかけるスキを与えない、別の話題にすり替える、作り笑いを見せて拒否をするなどの親だと、子どもの声を伝えることが困難である。また、教育熱心であり、子どもの意を酌まずたくさんの塾を強制する親とか、価値観が強く子育てに口出ししないでほしいと考えている親には、子どもの声を伝えたとしても聞き入れてもらえない。

家族形態の多様化・複雑化（ひとり親、別居、離婚、再婚、内縁など）、夫婦や家族関係の問題（DV、親と祖父母の関係など）、経済的困窮なども、子どもの情緒に直接的、間接的に影響する。

親のかかわり方がよくなっても、そのまま持続するとは限らない。家庭環境も安定に向かっていると思っても急に悪化することもある。親子の相互作用や家庭環境は、様々な影響を受け絶えず動きのある状況にある。箱庭あそびを継続していると、子どもはこのような動きも表現する。箱庭あそびは、子ども、親、家庭の動きも把握できる。

4　子どもの作品に応じた子どもとの会話

箱庭あそびの場での子どもとの会話は、親しい友だちと、食事をしながらの楽しいおしゃべりを想像すると、かなり共通しているところがある。おしゃべりには、いろいろな話題がのぼる。世間で話題になっていること、お互いの趣味の話、家族のこと、仕事の話など、様々なことが話題に上がってくる。話の中に、日頃のストレスも冗談っぽく盛り込まれる。そして、楽しかったと言って別れる。少しストレスが解消されていることを感じ、明日の自分を励ましている。

ただ、箱庭あそびの場での子どもとの会話は、保育者の考えを挟むことなく、子ども中心の会話を心がける。会話をスムーズにさせるこつは、子どもの使ったことばを保育者の応答のことばの中に含めることである。子どものことばを使った会話である。それによって、子どもは話を聴いてくれているととらえる。子どもから保育者に声をかけてくる場合は、それに乗っかって話を進めればいいが、子どもがのびのびと楽しく遊んでいる時、保育者の方から声をかけ会話を試みるとすれば、①子どもが使っているミニチュアや、②砂箱に表現された場面、③自作の物語の内容、時には家庭での体験の内容、④ミニチュアにぶつける子どもの感情に触れ声をかける。①だと、「ミニチュアの○○は好きなの?」、②だと、「○○を作ったの?」、家庭の場面や家があれば、「あなたのお家は?」とか、人のミニチュアが置いてあれば、「あなたはいるかな? パパやママは?」など、③だと、子どもの話す内容に合わせ、④だと、その感情に触れ、「痛そう?」「怒っているみたい?」「かわいそう?」などと、声をかけてみる。

子どもが、ミニチュアの隠し合いごっこなどで「一緒に遊ぼう」などと、誘ってくる場合は、保育者に甘えたい気持ちがあると思われる。家庭では甘えることができていないのではと疑ってみるのもあながち間違っていないかもしれない。

子どもの気持ちを汲み取るためには、子どもの遊ぶ様子や作品に応じた会話を組み立てることが大切である。子どもが、どのように遊ぼうとも、その遊びを中断させることなく、子どもの作品を介した語り、ミニチュアにぶつける感情をそのまま受け入れる。

1　状況や風景を表現していない場合

(1) 砂やミニチュアに触ろうともしない

初回は、砂に触ろうともしない子どもがいる。「好きなミニチュアはあるかな?」と、声をかけて様子を見る。子どもは黙って佇んでいるだけかもしれない。保育者はどうかかわればいいのか焦るかもしれないが、子どもの傍で温かさを送っておけば十分である。終了の合図に、「また次ね」と言うと、「次はいつここに来るの?」と尋ねる。次回はミニチュアを使って遊ぶことはまず確実なので、初回は砂にも触らなくても心配することはない。初回は初めて見る遊び道具に戸惑い、何を作ろうかと慎重に考えているのかもしれない。

(参考)箱庭セットの置いてある場所に来た時、ミニチュア人形を見るのを嫌がった子どもや、ミニチュアをしまっておく開閉式の戸棚を見るのを嫌がった子どもがいた。数日前に家庭で夫婦げんかを目撃したとか、お仕置きとして閉じ込められた体験のある子どもであった。砂に触ろうともしない子どもの場合は、心配事や不安なことを抱えていることが多く、箱庭あそびを継続しているとその内容が見えてくる。初回に子どもがどのような様子を見せようとも驚かず、とにかく箱庭遊びを継続することが大切である。子どもはいろいろな手段でサインを送っている。

（2）砂に触るだけ

「砂は気持がいい、どこで取ってきたの？」などと言って、砂山を作ってはこわすことを繰り返す子どもがいる。「何か作ったら」などと促す必要はない。砂に模様や人の顔を描く子どももいる。人の顔だと、「誰かな」と尋ねてみよう。大切に思っている人かもしれない。砂に触るだけで終わっても楽しかったと言う子どもが多い。

「もう、そろそろ終りにしようか」と言うと、急いでミニチュアを並べ始める子どももいる。

（3）黙って、あるいはミニチュアの声や音をまねて遊ぶ

子どもが使っているミニチュアの種類や、ミニチュアの動きに合ったことばをかけ、返答を待つ。「あら、○○のミニチュアが好きなのね」とか、車を動かし楽しんでいるなら、「どこに行くのかな？」、ミニチュアをぶつけ合わせて戦わせているなら、「どっちが強いかな？」などである。子どもは、工事車両

の荷台に砂を出し入れして遊ぶとか、消防車や救急車の発する音をまねて遊ぶことが好きである。「ダンプカーが砂を運んでいるのね」、「消防車って、梯子が伸びるのね」などと声をかけてみる。

子どもから返答がないか、黙っていてほしそうであれば、静かに見守る。子どもが頭に描いている遊びの流れを中断させないために、矢継ぎ早にことばを挟まないようにする。

語彙の数が少ない、ことばの意味が理解できないなど、ことばの発達の遅れが疑われる子どもの場合は、語彙の数を増やすことを意図した会話をこころがける。

（4）気に入ったミニチュアを使い即席のセリフを交え遊ぶ

「キリンさんが葉っぱを食べています」、「蝶が木に止まっています」などには、「おいしそう」とか、「きれいな蝶さんね」などと相槌を打ち、会話がはずんでいくようだと、その話題で話を膨らませる。

(5) ミニチュアを乱暴に扱い遊ぶ

いらだちを発散するかのように、すべてのミニチュアを砂場に投げ入れ、そのまま乱雑に散らばらせているか、積み重ねる。ミニチュアを壊す恐れがなければ、「すごい」などと言って、見守る。このような遊び方は初回に限られることが多い。そのうち、作品を作るようになる。

砂を手づかみにしてばらまくとか、箱の中に入って激しく足踏みしたり寝転んだりするような場合は中断せざるをえない。

(6) 保育者を誘い遊ぶ

保育者と一緒に遊びたくて、「ミニチュアの隠し合いっこしよう」と誘う子どもや、いろいろな恐竜を手に取り、「名前、知ってる?」と尋ね、知らなければ得意がる子どもがいる。保育者に甘えたい子どもには、甘えを許しながら遊ぶ。家庭で甘えを受け入れてもらえない子どもは、このような遊びをしがちである。

2　状況や風景を表現している場合

（1）戦い

子どもは、戦いの場面を作ることが多い。恐竜などの叫び声をまね、激しくぶつけ合わせ、「○○が△△をやっつけた」、「△△は食べられた」、「死んだ」、「殺してやる」、「殺されて埋められた」、そして「□□が助けに来て、△△はよみがえった」などのセリフを交え、次々とミニチュアの種類を変え、戦いの様相も変えながら遊ぶ。子どものセリフに合わせながら、「わぁ、○○は強いのね」、「□□はヒーローだね」などと声をかける。〝殺す〟、〝死んだ〟などの残酷なことばに驚かず、「痛そう」などと冗談めいたことばをはさむ。「そんなことばを使ったらだめよ」などと、注意する必要はない。空想の世界に没頭している時の子どものセリフである。

戦いに使用したミニチュアは砂の上に雑然と放っている場合もあるが、ミニチュアをきちんと向かい合わせ戦いの様子をわかりやすく仕上げている場合がある。一対一の戦いであろうと、一対多数であろうと、「どっちが強いのかな？」、「あなたはどちらの味方かな？」などと尋ねると、「自分たちは灰色の戦士で、黒色の戦士をやっつけている」などと、戦いの様相を熱く話してくれる。

戦いに人形が使われている場合は、「あなたはどこにいるのかな？」の質問から始め、戦いに身近な人が登場しているかどうか確認したい。「この恐竜はママだ、兵士たちが攻撃している」と言うことがある。このような時、「お母さんは、ときどき、あなたを叱るの？」と、さりげなく母親への思いを尋ねてみよう。

戦いの場面に、「ここには僕はいない」と吐き捨てるように答えた場合は、ひょっとしたら不満をぶつけたい相手がいて、それを隠したいとしていることを疑い、箱庭あそびを継続したい。

戦いの場面と思っても、「友だちなの、仲よく遊んでいるの」、「○○が□□を守っているの」などと言うこともあるので、子どもの話をよく聞くことが大切である。

（メモ：人形のミニチュアを埋める意図は？）

子どもは、ミニチュアの隠し合いごっこ遊びの他に、砂に埋めては出し遊ぶことが多い。「死んだ」と言って埋め、「生き返った」と言って掘り出す。「砂は気持ちがいいから寝させてあげている」と言うこともある。子どもが赤ちゃん返り（退行）している場合、子どものミニチュアか、子どもを抱いている母親のミニチュアを埋めて、「下の子がいなければいいのに」と漏らすことがある。

これらを参考にすると、ミニチュアを埋める意図は、①単なる遊び、②大切に思っている、③いなくなればいいと思っているなどが考えられる。いなくなればいいと思っている対象は、きょうだい、友だち、家族、時には本人のことがある。

（2）家庭

家具や椅子、テーブル、ドアなどで家庭の風景が表現され、そこに人形が置かれている場合は、人形の種類、置き方、置いている場所や、もし人形が家族と言えば、家族の互いの位置に注目したい。

「たくさんお人形さんがいるのね。あなたはどれかな?」と尋ね、「私は、これ」と指せば、「お母さんはどこ?」、「お父さんは?」と、家族がそろっているかどうか確認する。「パパはまだ帰っていない」、「遠くに行っている」などと言う時、父親は帰りが遅いのか、単身赴任、それとも離婚、別居などかは、会話が深まると明らかになる。また、大人の男のミニチュアを2体置き、どちらも「お父さん」とか、子どもの人形はあるのに、「私は、ここにはいない」と言う場合、家庭環境の複雑さが推測させられる。

人形の置き方は、立たせている、横にしている、埋めている、戸棚に閉じ込めているなどがある。すべてのミニチュアを埋めているような場合は、遊びかもしれないが、ひとつの人形だけ埋めている場合、特に頭から逆さに埋めている場合は、その人に反感を抱いているのかもしれない。閉じ込めるのも遊び心か、それとも特別な思いか、「戸棚はベッド替わりかな?」などと尋ねると、その人への日頃の不満を口にすることがある。

人形の置かれている場所は、家庭内(テーブルや椅子、家具などを置き、ドアで仕切って表現)か、外かに注目する。父親だけを家庭の外に置いている場合、「あら、外は寒くないのかな?」などと尋ねると、「散歩」とか、「仕事から帰ったところ」と答えることもあれば、「いなかったらいいのに」と、父親を好いてはなさそうな返答もある。

「これが私」と指した人形と、他の人形との位置によって、家族と子どもとの心理的な距離関係を推測できる。例えば、母親の傍に自分を置き、きょうだいは父親の傍に置くなどである。しかし、会話が進むと、その人の近くにいたいと望んでいる場合があるので、傍に置かれているからといって、必ずしも関係がよいと即断できない。子どもを肩車している人形、赤ちゃんを抱いている人形を指して、自分という場合も、スキンシップを求めてのことがある。子どもと家族の人形の位置関係は、現実の関係か、それとも願望かの両者を考えておかなければならない。また、自分だけ家庭の外や、他の人形と離れ箱庭の片隅に置かれていることがあり、このような場合、子どもの孤独を感じさせる。

家庭内を表現しながら人形は一体も置いていないこともある。「皆は、お出かけしているのかな、それともかくれんぼしているのかな?」などと尋ね、単に置いていないだけなのか、家族との関係を希薄に感じているのかどうか、子どもの返答に注目したい。タイミングを見計らって、「お家は楽しい?」の質問をはさむと、無言の時がある。

人の代わりに、妖精、兵士、恐竜などを置く場合がある。「あなたはここにいるの?」と尋ねると、「私は妖精、パパは恐竜」と答え、家族を恐竜で表現することがある。恐竜は家庭の権力者の象徴かもしれない。また、恐竜に家を破壊させている時、その時の子どものセリフから、単なるふざけでなく、家族に対するいらだちを感じさせられることがある。

食卓には魚などのミニチュアを置いて食事の様子を表現する。砂を盛っている場合、「お砂は気持ちいいし、おいしいのかな?」などと尋ねると、日頃のインスタント食生活を話し始める子どもがいる。

家のミニチュアを置いている場合、「あなたのお家はどれかな?」と尋ねると、それぞれの家の住人や状況を詳しく説明してくれる。家をひとつだけ置く場合は、特別な意味があることがある。「これは警察」と言い、家の前には車を置き、車の前には石を置いて走らせないようにした。親は交通違反をしていた。

(3)その他(動物園、公園、町、海辺など)

動物園、公園、町、海辺などの風景を作った場合も、人形が使われているかどうかに注目する。人形がなければ、「動物園には誰と行ったの?」、「公園には誰が連れて行ってくれたの?」などと切り出し、家族との関係に話が発展するかどうかを試みる。

箱庭に複数の風景を作成している場合は、「ここは、何を作ったのかな?」

と尋ね、わかりやすい風景からとらえ会話を始める。作品全体の印象として、温かさや楽しさよりも、乱雑で荒々しい感じがする場合、子どもが不満を抱いているできごとがないかどうか会話の中で確認したい。

動物だけを置いている場合、単に動物を置いたのではなく、「ライオンは父親、シマウマは母親」などと、親に見たてることがある。家族や友だちを表現するため、同じ種類の動物を数頭ずつまとめて置くこともある。

いろいろな種類のミニチュアを使い、同じ方向に向かって整列させることがある。一列のこともあれば、数列のこともある。また、砂箱の内側にきちんと沿わせて並べることもある。「この動物たち、どこに行くのかな」と話しかけてみよう。

(4) 被虐待疑い

被虐待が疑われる場合は、初回よりも、継続している中でことばにしたり、作品に表現することが多い（p42を参照）。

5　おわりに

子どもの声をいろいろな形で拾いあげていかなければならない。子どもから見た世界に変えなければならないことがたくさんあるはずである。幼児期の子どもは、箱庭あそびの場でミニチュアと遊びながら、保育活動の場ではとうてい聴くことのできないような話をつぶやいてくれる。気になる子どもは、実は話を聴いてもらいたい子どもかもしれない。親の教育偏重、子育て観の多様化や、家族形態の多様化・複雑化の中で、このことが子どもの目にはどのように映り、どのような気持ちで過ごしているのか、子どもそれぞれで違っている。

図2　箱庭あそびで見えてくること

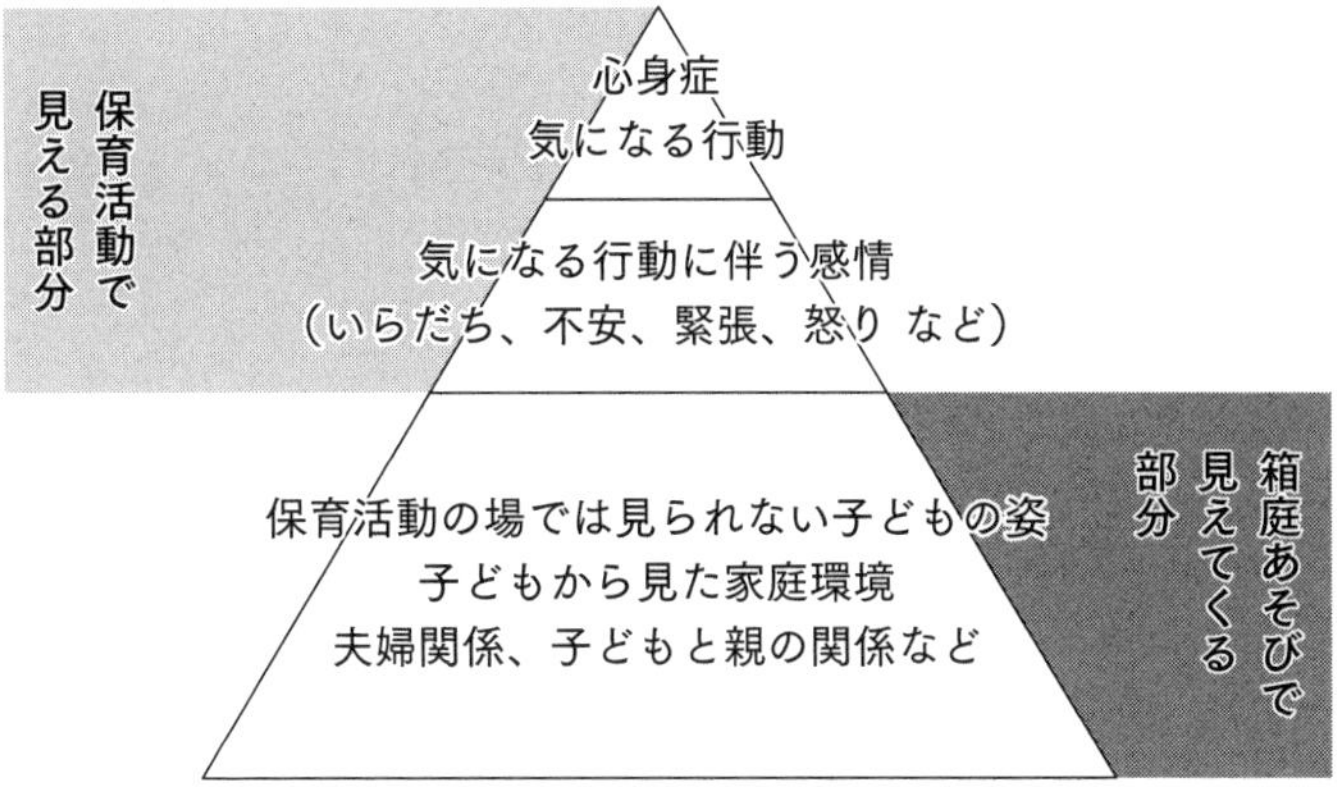

子どもは、のびのび成長できる環境を欲している。それぞれの子どもの思いを知った上で保育にかかわり、親とともに子どもの望む環境に整えていくことが大切である（図2）。

箱庭あそびで子どもにかかわっていると、保育者にとってもいろいろな技能を高める上で役立っていることに気づく。子どもと一対一になることで、子どもの目線に立ったコミュニケーション力が培われる。子どもと会話を深めることで、家庭環境などが子どもの発達に影響を及ぼしていることを知り、子ども、親、家族をひとまとめにして、子どもの発達にかかわっていかなければならないと考えるようになる。特に、親とともに子どもの発達にかかわっていくことの大切さが確認され、そのためにはコミュニケーションのとりづらい親にも子どもの声を届ける必要があり、親とのコミュニケーション技能が磨かれていく。子どもの声を聴く遊びとして出発した箱庭あそびが、実は保育者の保育力の向上などにも役立っていることに気づく。

保育園は、毎日子どもや親に会い、家庭に一番近い存在である。子どもの発達支援、子育て支援への期待は大きく、それに応えるためには子どもの気持ちを聴くことから始まる。

付　“箱庭あそび”記録票

“箱庭あそび”記録票

“箱庭あそび”施行日：
　　　　　年　　月　　日（　□初回、□(　　　)回目　）

子どもの氏名・生年月日：

年齢：□3歳、□4歳、□5歳、□6歳

1）子どもの様子
　□不安緊張タイプ、□いらだちタイプ
　（□発達障害が疑われる、□愛着障害が疑われる）

2）子どもの作品
　（箱庭作品の写真添付）

3）子どものセリフや、作品に込められる感情（最も近いものを選ぶ、複数可）
　□愛、□楽しさ、□怒り、□不満、□いらだち、□心配、
　□悲しみ、□さみしい、□恐れ、□驚き

4）子どものセリフや、子どもとの会話の中の、親や家庭環境への子どもの思い（メモ的に記載）

子どもに学ぶ②
箱庭あそび　サンドアクティビティ
—幼児期の子どもの健やかな発達を願って—

2024年2月29日　初版発行

著　　者　日吉　こころ
発行・発売　株式会社三省堂書店／創英社
〒101-0051　東京都千代田区神田神保町1-1
Tel 03-3291-2295　Fax 03-3292-7687
印刷・製本　シナノ書籍印刷

©Kokoro Hiyoshi 2024 Printed in Japan
ISBN 978-4-87923-239-7　C0037

落丁・乱丁本はお取り換えいたします。定価は、カバーに表示してあります。
不許複写複製（本書の無断複写は、著作権法上での例外を除き禁じられています）